D1731645

КАРМАННЫЙ
СПРАВОЧНИК
МЕССИИ

Messiah's Handbook

Reminder for the Advanced Soul

Ричард Бах

КАРМАННЫЙ СПРАВОЧНИК МЕССИИ

«СОФИЯ»

2005

УДК 821.1 11. (73)
ББК 94.8
       Б30

*Перевод с английского В. Г. Трилиса
под ред. И. Старых*

Б30   **Бах Ричард**
       Карманный справочник Мессии/
       Перев. с англ. — М.:
       ООО Издательский дом «София»,
       2005. — 224 с.
       ISBN 5-9550-0669-9

© 2003 Ricgard BACH
© «София», 2005
ISBN 5-9550-0669-9   © ООО ИД «София», 2005

В «Иллюзиях» пользоваться этим Справочником Ричарда научил мессия Дональд Шимода.

Потом Справочник Мессии пропал на долгие годы. И вот через двадцать лет он нашелся.

Итак:

Мысленно задайте волнующий вас вопрос, закройте глаза, раскройте книжку наугад, выберите правую или левую страницу, откройте глаза, прочитайте ответ.

Это может сработать безотказно:
    страх утонет в улыбке,
        сомнения разбегутся прочь
            от неожиданного яркого прозрения.

      Но...

Предисловие

Последний раз я видел Карманный Справочник Мессии в тот день, когда выбросил его.

Я пользовался им так, как меня научил в «Иллюзиях» Дональд: задать вопрос в уме, закрыть глаза, раскрыть книжку наугад, выбрать правую или левую страницу, открыть глаза, прочитать ответ.

Долгое время это работало безотказно: страх тонул в улыбке, сомнения разбегались прочь от неожиданного яркого прозрения. Меня неизменно задевало и развлекало все, что сообщали эти страницы.

И в тот черный день я еще раз доверчиво раскрыл Справочник. «Почему мой друг Дональд Шимода, которому действительно было что сказать и чьи уроки были так нужны нам, почему, почему он должен был умереть такой бессмысленной смертью?»

Открываю глаза, читаю ответ:

В этой книге все может
           оказаться ошибкой.

Мне вспоминается это как вспышка мрака — внезапно охватившая меня ярость. Я обращаюсь к Сравочнику за помощью — и вот это ответ?!

Я с такой силой запустил книжонку над безымянным полем, что ее страницы испуганно залопотали, вздрагивая и переворачиваясь. Она мягко спланировала в высокую траву — я даже не посмотрел в ту сторону.

Вскоре я улетел и больше никогда не бывал на том поле, затерявшемся где-то в штате Айова. Бессердечный Справочник, источник ненужной боли, пропал.

Прошло двадцать лет, и вот приходит ко мне по почте — через издателя — бандероль с книгой и вложенным письмом:

Дорогой Ричард Бах, я нашел ее, когда пахал отцовское соевое поле. На четвертой части поля у нас обычно растет только трава на сено, и отец рассказывал мне, как вы однажды сделали там посадку вместе с парнем, которого местные жители потом убили, решив, что он колдун. Впоследствии это место распаха-

ли, и книгу засыпало землей. Хотя
поле многократно вспахивали и бо-
роновали, никто ее до сих пор ка-
ким-то образом не заметил. Несмо-
тря ни на что, она почти не по-
страдала. И я подумал, что это
ведь ваша собственность и, если вы
еще живы, она должна принадле-
жать вам.

Обратного адреса нет. На страницах сохрани-
лись отпечатки моих пальцев, испачканных в
машинном масле старенького Флита, а когда я
раскрыл книжку веером, из нее высыпалась горстка пыли и несколько засохших травинок.

Никакой злости. Я долго сидел над книжкой, от-
давшись воспоминаниям.

В этой книге все может оказаться ошибкой.
Конечно, может. Но может и не оказаться.
Ошибка или не ошибка — это не книжка реша-
ет. Только я могу сказать, что для меня не ошибка. Ответственность на мне.

Со странным чувством я медленно перелистывал страницы. Неужели ко мне вернулась та самая книжка, которую я когда-то давным-давно зашвырнул в траву? Пролежала ли она все это время недвижно, присыпанная землей, или же изменилась и стала в конце концов чем-то таким, что необходимо увидеть будущему читателю?

И вот, закрыв глаза, я еще раз взял книжку в руки и спросил:

— Дорогой странный загадочный томик, зачем ты ко мне вернулся?

Я некоторое время перебирал страницы, а затем открыл глаза и прочитал:

*В*се люди, все события в твоей жизни возникают потому, что призвал их туда ты.

Что ты будешь делать с ними — решать тебе.

Я улыбнулся — и решил. На этот раз, вместо того чтобы швырнуть книгу в мусор, я решил оставить ее у себя. И еще я решил не класть ее в пакет и не прятать подальше, а предоставить читателю возможность самому в любое удобное время раскрыть и перелистать ее всю. И прислушаться к шепоту ее мудрости.

Некоторые идеи, обнаруженные в этом справочнике, я высказывал в других книгах. Вы найдете здесь слова, которые читали в *Иллюзиях, Единственной, Чайке Джонатан Ливингстон, За пределами разума* и в *Хрониках хорьков**. Жизнь писателя, как и читателя,

---

*   Издательство «София», 1994—2004.

складывается из вымыслов и фактов, из того, что почти случилось, наполовину запомнилось, когда-то приснилось... Мельчайшая крупица нашего бытия — это история, которую может проверить кто-то еще.

И все же вымысел и реальность — настоящие друзья; единственное средство передачи некоторых истин — язык сказки.

Например, Дональд Шимода, мой неподатливый Мессия, — это вполне реальная личность. Хотя, насколько мне известно, у него никогда не было смертного тела или голоса, который кто-либо, кроме меня, мог слышать. И Хорьчиха Штhorми тоже реальна и летает на своем миниатюрном транспортном средстве в самую страшную бурю, потому что верит в свою миссию. И Хорек Харлей в ночной тьме бросается в морскую пучину, потому что спасает своего друга. Все эти герои реальны — и они дают жизнь мне.

Довольно объяснений. Но, прежде чем унести этот справочник домой, все же проверьте его прямо сейчас, убедитесь в том, что он работает.

Задайте вопрос в уме, пожалуйста. Теперь закройте глаза, раскройте книжку наугад и выберите левую или правую страницу...

Ричард Бах

Облакам не страшно
             упасть в море,
                   ведь они
             (а) не могут упасть
      и (б) не могут утонуть.

      Впрочем, никто
   не мешает им
      верить, что с ними
         такое может случиться.
      И они могут бояться
         сколько угодно,
               если захотят.

Самые счастливые,
самые удачливые люди
однажды
задумывались о самоубийстве.
И отвергли его.

Ты свободен творить
и почитать
любое прошлое,
какое ты выберешь,
чтобы исцелить и преобразить
собственное настоящее.

Твоя самая
суровая действительность —
это только сон,
а твои самые
фантастические мечты —
реальность.

Каждая вещь
есть в точности то,
что она есть,
по какой-то причине.
Крошка на твоем столе —
это не мистическое напоминание
об утреннем печенье;
она лежит там потому,
что твой выбор —
не убирать ее.

Исключений нет.

Не думай, что тот,
кто свалился на тебя
из иного измерения,ъ
хоть в чем-нибудь
мудрее тебя.
Или что он что-то сделает лучше,
чем смог бы ты сам.

Бесплотен человек или смертен,
в людях важно одно:
что они знают.

Каждый приходит сюда
с ящиком инструментов
и комплектом
проектной документации
на построение
Собственного Будущего.

Вот только
не каждый помнит,
куда он все это засунул.

Жизнь не говорит тебе ничего, она все показывает.

Ты узнал нечто такое, что кому-то где-то необходимо вспомнить.

Как ты сообщишь им свое знание?

Прими свои страхи,
      позволь им вытворять
            самое худшее —
и отсеки их, когда они
попробуют этим воспользоваться.
Если ты этого не сделаешь —
они начнут сами себя клонировать,
как грибы,
окружат тебя со всех сторон
и закроют дорогу к той жизни,
которую ты хочешь избрать.

Каждый поворот,
которого ты боишься, —
лишь пустота,
которая прикидывается
неодолимой преисподней.

Снова и снова ты
будешь встречать
новую теологию,
и всякий раз проверяй ее:

— Хочу ли я,
чтобы это верование
вошло в мою жизнь?

Если бы Бог
посмотрел тебе
прямо в глаза
и сказал:
— Повелеваю, чтобы ты
был счастлив в этом мире,
доколе жив.

Что бы ты сделал?

Это называется «принимать на веру»:
когда ты соглашаешься с правилами
прежде, чем обдумаешь их,
или когда совершаешь действия
потому, что от тебя их ожидают.

Если ты неосторожен,
это будет случаться тысячи и тысячи раз
в продолжение всей твоей жизни.

Что, если все
эти твои внутренние уровни —
на самом деле твои друзья,
знающие неизмеримо больше,
чем знаешь ты?

Что, если твои учителя
находятся здесь прямо сейчас?
И чем говорить без умолку,
не лучше ли тебе
— для разнообразия —
послушать?

Жизнь не требует, чтобы ты был последовательным, жестоким, терпеливым, внимательным, сердитым, рациональным, бездумным, любящим, стремительным, восприимчивым, нервным, заботливым, черствым, толерантным, расточительным, богатым, подавленным, вежливым, пресыщенным, тактичным, веселым, тупым, здоровым, жадным, красивым, ленивым, отзывчивым, глуповатым, щедрым, загнанным, чувственным, сластолюбивым, прилежным, манипулятивным, управляемым, прозорливым, капризным, мудрым, эгоистичным, добрым или жертвенным.

Однако Жизнь требует, чтобы ты осознавал последствия каждого своего выбора.

*Г*нев — всегда страх,
а страх — всегда страх
потери.

Помни, что этот мир —
не реальность.
Это площадка
для игры в кажущееся.
Здесь ты практикуешься
побеждать кажущееся
знанием истинного.

Хочешь беззаботного будущего? Но зачем тогда было соваться в пространство-время, если ты избегаешь забот?

Чем меньше ты знаешь об игре,
чем больше забываешь,
что ты — игрок,
тем бессмысленнее становится жизнь.

Если вдохновенный
невинный
любящий
витающий в облаках
мечтатель
верует во Вселенную радости,
и света, и совершенного бытия
и если он ошибается
и умирает,
то заблуждается не он,
а Вселенная.

То, что происходит
вокруг тебя,
выбираешь ты сам.
Держись,
проживи свою жизнь
наилучшим известным
тебе образом
и вскоре
ты поймешь,
в чем тут дело.

*П*одлинное государство —
это такая система ценностей,
для которой «патриотизм» и «совесть» —
понятия тождественные.

На каждом повороте твоей жизни,
всякий раз, когда ты принимаешь решение,
рождается новая часть тебя.
Ты становишься родителем
твоих новых «Я», которые придут.

Любая могучая идея
абсолютно восхитительна
и в высшей степени бесполезна,
пока ты не решишься
заставить ее работать.

Когда ты ищешь вдохновения,
на самом деле
тебе нужны идеи.
Когда ты просишь наставлений, —
именно идеи укажут тебе путь.
Но будь внимателен!

Делай вид, что ты честно,
воистину всей душой хочешь знать,
кто ты,
откуда пришел
и зачем.

Притворяйся, что ты готов
не знать покоя, пока не выяснишь это.

А теперь:

Можешь ли ты представить себе,
что не ищешь ответа?

«Плохо» — это то,
что делает тебя несчастливым.
«Зло» — это то,
что делает тебя
очень несчастливым.

Твоя философия —
это твои представления о Вселенной,
которыми ты руководствуешься
в повседневной жизни.

Вряд ли их можно найти в учебниках.

*Т*ы не получаешь ответов?
Самая главная причина в том,
что ты не задаешь вопросов.

Когда, ухватившись
за лопасть пропеллера,
начинаешь прокручивать его,
не удивляйся,
если вдруг заработает двигатель.

Все, что ты
решаешь пережить,
переживешь не раз,
а тысячи раз,
пока не запомнишь
этот опыт
до конца своей жизни.

Чувство вины — это напряжение,
которое ты испытываешь,
когда хочешь изменить
свое прошлое,
настоящее
или будущее
ради кого-то.

Но ведь это твое напряжение.
Ты можешь отпустить его.

Ничего ты не знаешь —
пока интуиция
не даст своего согласия.

Когда спишь,
все сценарии, персонажи,
события, опасности и
развязки строятся
из материалов
твоего сознания —
все темные и гнетущие
состояния,
равно как и все восторги.

То же самое
и в мире пробуждения,
только на строительство уходит
гораздо больше времени.

Сторгуй себе безопасность,
предлагая взамен счастье, —
за эту цену ее можно купить.

Многие ли проживают жизнь,
не пытаясь узнать,
что они знают и что любят?

Многие.

Твое дело —
ни в коем случае
не попасть в их число.

Когда корабль твоего духа
наткнется на риф материи,
то на куски расколется
риф.

*Е*сли это действительно не твоя вина,
ты не можешь брать на себя ответственность
за происходящее.

*Е*сли ты не можешь взять
на себя ответственность
за происходящее,
то всегда будешь его жертвой.

*Г*лубина твоей интимности
с другим человеком
обратно пропорциональна
числу других людей
в твоей жизни.

Человечности нельзя дать физическое описание, ибо это духовная цель. Она не может быть дана тебе — ее нужно заслужить.

Твое высшее право —
знать будущее во всех его версиях.
Прислушайся к его шепоту,
и услышишь, что награда,
ждущая тебя впереди, —
твое собственное

величайшее счастье.

Действовать обыденно —
это нормально,
при условии, что ты
не чувствуешь
обыденно.

*E*сть вершины,
взобравшись на которые
ты больше не спускаешься вниз,
а, расправив крылья, летишь ввысь.

То, что должно случиться,
уже случалось.

То, как ты воспринимаешь, —
это твой выбор.

Ты никогда не повзрослеешь.

Почему ты думаешь,
что ты иной и странный,
одинокий, никем не понятый?
Если причина лишь в том, что
ты еще не встретил свою пару...

При каждом своем выборе
ты рискуешь жизнью,
которая у тебя могла бы быть;
при каждом решении
ты теряешь ее.

Ты строишь собственный мир,
спокойный или тревожный,
в соответствии с тем, чего ты хочешь.
Можешь обрести покой среди хаоса,
можешь быть несчастным в раю.

Все это лишь
форма воплощения твоего духа.

Найди величайших учителей,
задай им труднейшие вопросы —
они никогда не скажут:
«Изучай философию»
или
«Защити диссертацию».
Они скажут:
«Ты уже знаешь».

Это очень долгое дело —
менять принципы,
и никогда не знаешь,
    изменились ли они уже,
        пока не почувствуешь,
что что-то устоявшееся и правильное
перестало быть таковым.

Безусловная любовь —
не более реальная сила
в пространстве-времени,
чем в шахматах,
или в футболе, или в хоккее.

Правила регламентируют
жизнь в игре,
а безусловная любовь
не знает правил.

Забвение —
это то, что люди
на этой планете
называют «сознанием».

Еле заметный поворот сегодня
приведет тебя
к драматически иному завтра.

То, что ты знал
до своего рождения,
не потеряно.
Ты только прячешь это
до первых испытаний,
когда придет время вспомнить.

И конечно же, если захочешь,
ты можешь попытаться ступить
на какой-нибудь странный,
забавный и прекрасный путь
и найти этот клад.

*Т*ы выбрал нас
в качестве своих учителей?
Мы тоже выбрали тебя!
Тебя интересует,
чему ты будешь учиться?
Нас это тоже интересует!
Ты думаешь, мы появились
в твоей жизни потому,
что ты любишь нас?

*Н*у как же ты не поймешь:
        мы тоже любим тебя!

Могут ли на самом деле
километры разделить людей?

Если ты хочешь быть с тем, кого любишь,
разве вы уже не вместе?

Забудь о вере.
Тебе не нужна вера, чтобы летать,
тебе нужно понять полет.

Когда ты постигнешь,
что такое этот мир
и как он работает,
у тебя сами собой
начнут получаться чудеса...
То, что другие люди
будут называть чудесами.

Вы забавные
игривые создания,
играющие «в жизнь»
со Вселенной.

Пространство-время — довольно примитивная школа. Однако многие продолжают веровать в нее, даже когда она начинает надоедать, и еще долго не хотят включать сигнальные огни.

*П*одобное притягивает подобное.

Будь самим собой —
спокойным, ясным, ярким.
Спрашивай себя каждую минуту,
то ли это, чего ты действительно хочешь,
и делай это, только когда услышишь
утвердительный ответ.

*Э*то отвадит от тебя тех,
с которыми ты ничего о себе не узнаешь,
и привлечет других,
у которых тебе стоит поучиться.

«Это только твоя фантазия?»
Конечно, это твоя фантазия.
Весь этот мир — твоя фантазия.
Ты что, забыл?

Ты не для того существуешь,
чтобы оставить в мире след.
Ты существуешь,
чтобы прожить свою жизнь,
К тому же прожить ее так,
чтобы быть счастливым.

Всякое другое пространство-время —
это мечта
для всякого нормального,
здорового землянина,
которым ты собираешься быть —
правда, совсем не долго.

Сколько жизней на этой планете?
Сколько жизней во Вселенной?

— Единственная.

Великие награды ждут тех,
кто выбирает благородный и трудный путь,
но эти награды становятся явными
лишь по прошествии лет.
И каждый такой выбор делается на ощупь,
без всяких гарантий от мира,
который тебя окружает.

Как бы ты ни был искусен и достоин,
тебе не достичь лучшей жизни,
пока ты ее, во-первых, — не представишь
и, во-вторых, — не позволишь ее себе.

Создавая свой собственный мир,
ты получаешь в нем то, чего достоин.
Кого винить,
кого восхвалять, если не тебя,
создателя этого мира?
Кто способен изменить это
в любую минуту,
если не ты сам?

Твое единственное обязательство на протяжении всей твоей жизни — быть самим собой.

Это мое чувство высшей справедливости?
Так ли это?
Это то направление,
куда меня влечет больше всего?
Так ли это?
На этом пути я смогу
отдать миру лучшее,
что во мне есть?
Так ли это?

Не думайте,
что вас лишь маленькая горстка,
созданий света,
разбросанных по Земле,
а все остальные — куски глины.
Вы все — световые существа.

Реальность не имеет ничего общего с тем,
что ты видишь,
с твоим узким полем зрения.
Реальность — это проявленная любовь,
совершенная чистая любовь,
не причесанная пространством и временем.

Поскольку ты един с той личностью,
                     которой был
секунду или неделю назад,
поскольку ты един с той личностью,
                     которой станешь
через секунду или через неделю,
постольку ты един и с той личностью,
            которой был жизнь назад,
ты — тот самый, кто живет в иной жизни,
ты — тот самый, кем будешь в сотнях жизней,
которые считаешь своим будущим.

*В*озможный выбор
своего участия в каком-нибудь
настоящем приключении
можно оценить следующим образом.
Подумай:
«Когда я потом оглянусь назад,
я буду радоваться, что дерзнул
или что воздержался?»

Если любишь кого-то безусловно, тебе не важно, кто он такой и чем занимается.

Безусловная любовь внешне выглядит точно так же, как и безразличие.

Ненависть — это любовь со знаком минус.
Так стоит ли питать ее ложью,
разделяя и разрушая себя,
        если истина в том,
                что вы — одно?

Ты волен быть самим собой,
быть своим истинным Я
здесь и сейчас,
и ничто не может
тебе помешать.

Ни один человек не в состоянии сделать что-либо не свойственное тому, кто он есть.

Есть хорошая забава: зажмурься
и в наступившей темноте
скажи себе:
«Я — волшебник, и сейчас,
открыв глаза,
увижу созданный мною мир,
за который я — и только я —
несу полную ответственность».

А теперь медленно поднимай веки,
как поднимают занавес над сценой.
И конечно же,
вот он, твой мир,
в точности такой,
каким ты его построил.

*Е*сли ты жаждешь истины и света, непременно найдешь их.

Когда оглядываешься на прожитые дни, кажется,
что они пролетели за один миг.
Время не медлит,
и никто здесь надолго не задерживается.

Единственная вещь, с помощью которой можно убить мечту, — компромисс.

Как легко испытывать сочувствие,
когда в беде ты видишь себя самого!

Старайся понимать, и тогда —
ты даже не заметишь этого —
всего за несколько десятилетий
у тебя сформируется система мышления,
отвечающая
на все твои вопросы.

*Т*ы — выдумка для тех «я»,
которые выбирают другие пути и решения.
Они — выдумка для тебя.

Вам есть чему поучиться друг у друга.

*Е*сли хочешь чему-то научиться,
откажись
от безопасности неведения.

Всю жизнь ожидаешь встречи с Кем-то,
кто поймет тебя и примет таким,
какой ты есть.
А в самом конце обнаруживаешь,
что этот Кто-то всегда с тобой.
И это — ты сам.

Как ты хочешь
избавиться от этого опыта?
И как ты хочешь
благодаря ему измениться?

Никто не заставит тебя учиться. Учиться ты будешь тогда, когда захочешь этого.

Птенец прыгает потому,
что доверяет своим крыльям,
а лемминг — потому что так делают все.

У первого — это прорыв
в новое измерение,
у второго — самоубийство.

Стоит ли напрягаться ради того,
чтобы прожить
несчастливую жизнь?

Индивидуальность —
всегда исключение.

И поэтому то, что «никому не под силу»,
может сделать каждый.

Легко пережить то,
чего ожидаешь и к чему давно привык.
Только когда в твою жизнь приходит
неожиданное,
она становится
увлекательной.

То, что многие считают
здравым смыслом,
на самом деле —
подавление их глубинного знания.

Зачем такой здравый смысл?

Прежде чем ты изменишься,
что-то невероятно для тебя важное
должно оказаться под угрозой.

*Е*сли ты не хочешь быть учителем,
тебе лучше убраться
с этой планеты.

*Т*ворческий ум
рождает необычные связи.
Как, впрочем, и ум сумасшедшего.
Необычные связи творческого ума
суть озарение.

Вы строите ваши жизни,
как пауки ткут свою паутину.
Иногда нужно множество попыток,
чтобы соткать
одну-единственную нить.

Всякое событие субъективно: дело не в том, что оно означает; дело в том, что оно значит для тебя.

Время заботится о том, чтобы
стать.
Реальность заботится о том, чтобы
быть.

Нечего прощать,
когда соберешь воедино
все опыты своей жизни.

Какой смысл сердиться на тех,
кто дал тебе
все, о чем ты просил?

*О*чень многое
можно сказать о человеке,
если знаешь, что именно приносит ему
утешение.

Самое действенное обучение —
когда играешь против соперника,
который может
победить тебя.

Надежда знает:
то, что прекрасно, — истинно,
прежде, чем оно покажется
на ее пороге.

Ты — мастер
в том, что пережил,
ремесленник в том,
            что переживаешь,
и дилетант в том, что тебе
            предстоит пережить.

*Найди свою силу
и станешь тем центром,
вокруг которого вращается
само твое время.*

*Е*сли ты живешь
по высшим законам своей души,
результат игры не имеет значения.
Чем бы она ни закончилась,
она закончится правильно.

*Д*аже если вы встретили
друг друга по законам
божественного притяжения,
вам придется всерьез поработать
над весьма непростыми задачами.

Время жизни —
это шанс выразить твое
          пребывание здесь
самым рискованным, самым
творческим способом,
который доступен твоему
          воображению.

*П*ризнай,
что твой инстинкт самосохранения —
это единственная реальность,
в которой
ты можешь быть уверен.

*Т*ы настраиваешь свое восприятие
на определенную частоту,
и все, что в результате видишь,
именуешь «этим миром».

А ведь ты можешь настраивать себя
и на другие частоты.
          Всякий раз, когда пожелаешь.

Творческая,
озаренная любовью жизнь —
это также и жизнь здоровая.
Если ты делаешь то,
что приносит тебе счастье,
ты тем самым исцеляешь
и защищаешь себя.

*П*ервый шаг
к выходу из гипноза:
прежде всего необходимо понять,
что ты загипнотизирован.

Никакого рая,
никакого ада,
только эти бесконечные миры,
которые ты создаешь,
пока думаешь,
что так и надо.

Сертификат Мастера

Настоящим удостоверяется, что предъявителю этого документа присуждено звание Мастера Пространства-Времени с предоставлением права абсолютного контроля над всеми событиями собственной жизни и одновременно над бесконечным количеством жизненных опытов, а также права свободно уделять им внимание, свободно, по собственному желанию, выбирать торжество или трагедию для собственного обучения или развлечения.

Настоящий сертификат подлежит следующим ограничениям:

налагаются самим владельцем

_____

_____

Он здесь, этот сертификат, в кармане у каждого.

Нет ничего,
с чем ты не мог бы согласиться.
Нет ничего,
от чего ты не мог бы отказаться.

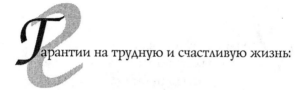 **арантии на трудную и счастливую жизнь:**

1. Определи, что ты любишь делать
                        больше всего на свете.

2. Делай это,
            что бы ни стояло на твоем пути.

3. То, чему ты научился у этой любви,
                        дари другим,
    тем, кто понимает ценность этих даров
                    и просит о них.

Это реально? Да, если:
это всегда было,
это всегда будет
и это всегда есть внутри и вне
каждого уголка каждой
альтернативной вселенной.

Если ты хочешь встретить того,
кто способен уладить любую ситуацию,
которая тебе не нравится,
кто может дать тебе счастье,
что бы там ни говорили
и что бы ни думали другие, —
посмотри в зеркало
и скажи волшебное слово:
— Привет!

Когда ты делишься своей любовью,
тебя ведут
к волшебной жизни и глубокому счастью.
Те, кто не делится,
понятия об этом не имеют.

Когда отдаешь скупо,
скупо и получишь.
Когда отдаешь целые миры,
немыслимо огромной будет и твоя награда.

*Т*воя высшая истина знает все будущие. Прислушайся к ее шепоту, и ты услышишь, что самый большой приз — твое величайшее счастье.

Узнай то, что знает волшебник,
и волшебство исчезнет.

Ты можешь не осознавать,
но ты знаешь.

Прежде чем причинить вред другому,
причини его самому себе.

*П*оживи вволю тем,
что ты всегда мечтал делать,
и не останется места
для плохого самочувствия.

Не проси у Бога внимания
в надежде, что он уладит какую-то проблему.
Помолись о собственном внимании,
и поймешь,
что нет никакой проблемы
и ничего не нужно улаживать.

Твоя миссия — сияющий путь, которым ты следуешь, и не важно, насколько темна ночь вокруг.

На любой вопрос
вообрази самую крайнюю
противоположность
ожидаемому ответу.

Может быть, это и есть правильный ответ?

Одни говорят: страдай,
другие говорят: служи,
третьи говорят: отрешись.
Говорит ли кто-нибудь:
найди для себя высшую истину?

Здесь нет ничего, кроме совершенства.
Совершенное выражение
совершенной жизни:
«Изменению не подлежит».
Нет иной истины.

Смерть тела,
расставание с телом — помни! —
такой же сон, как и жизнь в нем.

Учиться — значит обнаруживать то,
что ты уже знаешь.
Делать — значит демонстрировать то,
что ты это знаешь.
Учить других — значит напоминать им,
что они знают — точно так же, как и ты.

Все вы учитесь, делаете, учите.

Незнание истины
не мешает ей быть
истиной.

Ты волен улыбаться
в самый разгар самых трудных
экзаменов и испытаний,
зная, что это твой выбор,
что ты сам захотел играть в эту игру,
что ты — властелин
всех иллюзий этого мира.

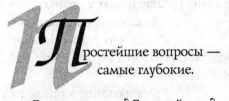

Простейшие вопросы —
самые глубокие.

Где ты родился? Где твой дом?
Куда ты идешь? Что ты делаешь?

Думай об этом время
от времени и следи за ответами —
они изменяются.

Жизнь смертного —
прекрасное место для посещения,
но лучше не называть его домом.

Каждый человек
и каждое событие в твоей жизни
появляются потому,
что ты сам призвал их туда.

Что ты выберешь делать с ними —
решать тебе.

То, что можно разделить на атомы, — нереально.

Лучше всего ты обучаешь тому, чему больше всего хочешь научиться сам.

Тебе не стоит стыдиться
за свою жизнь,
если то, что ты сказал или сделал,
стало известно всему миру, —
даже если то, что стало известно,
не соответствует действительности.

Твои друзья знают тебя лучше в первую минуту вашей встречи, чем твои знакомые узнают тебя за тысячу лет.

БЫТЬ —
это Жизнь, Любовь,
это Великолепное Оно
в самой сердцевине твоего существа.

БЫТЬ не признает ограничений
пространства-времени,
не признает твоих горестей,
страхов и верований.

Оно не видит тебя
как прямоходящего двуногого
на поверхности третьей
от маленького солнца планеты
на краю небольшой галактики
в незначительной вселенной,
затерянной среди множества
триллионов других вселенных.

Оно видит в тебе отражение Себя
и позволяет тебе абсолютную свободу
делать все что угодно,
кроме одного — умереть.

Если хочешь,
чтобы в твоей жизни что-то появилось,
вообрази, что оно уже здесь.

Бедствие — это сигнал к изменению. Это возможность в свободной одежде с капюшоном.

*Л*учший способ
избежать ответственности — сказать:
«Мне уже есть за что отвечать».

Прислушивайся к своим ответам, даже когда они совершенно безумны, при условии, что в них —

твоя высочайшая правда.

Ты волен
изменить свой уровень сознания —
по прихоти, по замыслу или оттого,
что стал умнее.

Ты не волен
сдержать проявления жизни.

Связь, которая соединяет
твою истинную семью, —
это не кровные узы,
а уважение и радость,
которые вы вносите в жизнь друг друга.

Члены одной семьи редко вырастают
под одной и той же крышей.

По жизненному пути тебя ведет
любопытное внутреннее создание,
игривое духовное существо —
твое настоящее Я.
Не отворачивайся
от возможных вариантов будущего,
не убедившись сначала,
что тебе там нечему учиться.

Ты всегда волен
передумать
и выбрать иное будущее
или иное прошлое.

Защищай свои несовершенства.
Имеешь право.
Ведь они — твои собственные.

*Л*егко позабыть те времена,
когда ты знал,
решив, что это был сон
или однажды случившееся давнее чудо.

*Н*о ничто хорошее
не бывает чудом,
а прекрасное — грезой.

Не верь тому,
что говорят тебе твои глаза:
все, что они тебе показывают, —
ограничения.

Смотри собственным пониманием,
открывай то, что уже знаешь,
и увидишь путь, где ты умеешь летать.

Нет такого бедствия,
которое не может стать благословением,
и нет благословения,
которое не может обернуться бедствием.

*В*есь мир —
это твоя тетрадка для упражнений,
на страницах которой
                ты учишься складывать.

*Э*то не реальность,
хотя реальность ты можешь там выразить,
если захочешь.

                И ничто не мешает тебе
                записывать там всякую чепуху,
                или ложь,
                или вырывать страницы.

Слушай свою жизнь.

Она показывает
все, что тебе необходимо знать
насчет того, кем ты можешь быть.

Первородный грех — это ограничение Бытия. Не сделай этого.

Твой характер развивается оттого, что ты следуешь своему высшему чувству правоты, что ты полагаешься на идеалы, хотя и не уверен, что они работают.

Не существует такой вещи, как проблема, в руках которой нет подарка для тебя. Ты ищешь проблемы, потому что нуждаешься в их дарах.

Одно из самых
        трудных испытаний на земле
        заключается в том,
чтобы подняться выше мертвых систем —
войн, религий, наций, разрушений, —
отказаться быть их частью,
а вместо этого выразить
        свое высшее Я.

        Ты знаешь, как быть.

Облако не знает,
почему оно движется
в этом направлении
и с такой скоростью.
Оно чувствует побуждение:
«Вот сейчас нужно лететь туда».

Но небо знает
причины и траектории,
по которым движутся все облака,
и ты тоже будешь знать,
когда поднимешься достаточно высоко,
чтобы заглянуть за горизонт.

*Е*сли ты однажды
научишься быть выдумкой,
то поймешь, что выдуманные характеры
иногда оказываются более реальными,
чем люди во плоти
и с безупречным пульсом.

Совесть — критерий
искренности твоего эгоизма.
Внимательно прислушивайся к ней.

Истина,
которую ты выражаешь,
не имеет ни прошлого, ни будущего.
Она есть,
и ей этого достаточно.

Судьба не толкает тебя туда,
куда ты не хочешь идти.
Выбираешь только ты сам.

Ты сам выбираешь свою судьбу.

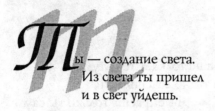

Ты — создание света.
Из света ты пришел
и в свет уйдешь.

И на каждом твоем шагу тебя окружает
свет твоего бесконечного бытия.

Вообрази Вселенную —
прекрасную, справедливую и совершенную.
И будь уверен в одной вещи:

Бытие уже вообразило ее.

Только она немного лучше,

чем ты можешь себе представить.

*П*оступай с другими так,
как ты
действительно хотел бы
поступать с другими.

То, что ты видишь, —
это твое собственное сознание.
Если поднять этот занавес —
как же изменится сцена!

*B*от тебе тест,
с помощью которого можно определить,
закончена ли твоя миссия на земле:

*E*сли ты жив — нет.

*Избегай проблем,
и тебе никогда
не придется решать их.*

Не бойтесь расставаний.
Прощаться необходимо,
чтобы можно было встретиться снова.
Пройдет время, и новая встреча
состоится обязательно,
если вы — друзья.

У тебя достаточно силы, чтобы сделать все,
чего ты пожелаешь,
за двумя исключениями:

ты не можешь создать реальность;
ты не можешь разрушить ее.

Когда же ты научишься
быть готовым к тому,
что то, чего ты
не можешь даже вообразить,
когда-нибудь случится?

*Т*ебе никогда не было дано желание, вместе с которым не дана была бы сила для его осуществления.

*П*равда, ради этого приходится еще и потрудиться.

Что делать с дарами,
которые ты несешь другим,
решать им, а не тебе.

Не обязательно знать, что ждет впереди.

Тебя направляет твоя высшая истина,
И куда бы она ни привела,
это и будет то, что тебе нужно.

*П*онимание приходит к тебе
со скоростью света,
но не спеши формулировать его
даже для самого себя —
это стоит делать
только шаг за шагом.

Иногда самое разумное —
помалкивать о том, что знаешь.

Твоя религия —
это твой способ
поиска истины.

Единственное,
что имеет значение,
когда заканчивается
твой земной срок:

Умел ли ты любить?
Каким было качество твоей любви?

Ошибок не бывает.
События, которые ты призываешь к себе,
как бы они ни были неприятны,
необходимы для того, чтобы ты мог узнать
то, что узнать должен.

Любой твой шаг
необходим для того, чтобы достичь места,
которое ты выбрал достичь.

*Т*ы отдал жизнь
ради того,
чтобы стать именно тем,
кем являешься сейчас.

*С*тоило ли?

Жизнь ЕСТЬ.

Это такое место,
куда пришел ради исцеления,
удовольствия, энергии, перспективы.

Один из способов выбрать будущее — просто поверить в то, что оно неизбежно.

Давать имена вещам —
дело вполне безобидное.

Давать имена идеям —
значит создавать религию.

И ты посмеешь?

Ты всегда оставался верен
своему чувству истины,
собственной внутренней этике,
даже когда это было трудно
или опасно или когда другие
называли тебя чудаком.

Эта странность выделяет
тебя среди других
и обрекает на одиночество.

Что ты думаешь с этим делать?

*Т*вое Есмь не нуждается в том, чтобы ты кому-либо рассказывал, как оно работает.

Глубина твоей веры в несправедливость
и трагедию — это знак твоего невежества.

То, что гусеница считает концом света,
мастер называет бабочкой.

Все вы
Свободны.
Делать.
Всё.
Что вам угодно.
Делать.

Для того чтобы
жить свободно и счастливо,
необходимо лишь пожертвовать скукой.

Поверь, иногда это не такая
уж легкая жертва.

То, что тебя вдохновляет,
является для тебя также
и путеводной нитью,
и защитой.

Знай, что рядом с тобой
всегда находится
реальность любви,
и в любую минуту
ты в состоянии
преобразить собственный мир
с помощью нового знания.

В любви вы едины —
это реальность,
а миражи
изменить реальность не могут.

Н е забывайте.
Что бы там ни мерещилось.

*П*оверь, что ты знаешь все ответы, —
и ты знаешь все ответы.
Поверь, что ты мастер, —
и ты — мастер.

Ни один человек
не может решить проблемы
другого человека, чья проблема
заключается в том,
что он не хочет,
чтобы его проблемы
были решены.

Ты не должен бороться за то, чтобы жить так, как ты хочешь. Живи так, как ты хочешь, и плати за это требуемую цену, какой бы она ни была.

*Т*ы не создаешь
собственную реальность.
Ты создаешь собственные иллюзии.
Большая разница!

Любая идея,
которая требует восхищения,
нереальна.
Любой Бог,
который требует поклонения,
не существует.

Кто ты?
Ты — тот, кто попросился на Землю ради того,
чтобы сделать здесь что-то замечательное,
что-то для тебя очень важное,
что-то такое, чего нельзя сделать больше нигде
и никогда.

*Иногда единственный путь к победе —
сдаться.*

Жертва — это отказ
от чего-то желанного
ради чего-то нежеланного.

Она никогда не бывает нужна.

Когда будешь умирать,
отнесись к этому
с определенной серьезностью.
Радость на смертном пути —
этого обычно не понимают
менее развитые формы жизни.
Они сочтут тебя сумасшедшим.

В этой книге все может оказаться ошибкой.

Ричард Бах

*...Жил-был Учитель, который пришел
на Землю, родившись в святой земле
Индиане (а может, и не в Индиане),
и вырос среди таинственных холмов
к востоку от Форт-Уэйна...*

*Невероятно, но ни в одной из книг
Ричарда Баха нет предисловия или
послесловия с его биографией.*

*Да и зачем? Все, что нам нужно знать
о Чайке по имени Ричард Бах, мы знаем
из его книг...*

ПОДАРОЧНОЕ ИЗДАНИЕ

Чайка Джонатан Ливингстон

Перед нами — одна из главных книг двадцатого века. Короткая и мудрая притча о великой мечте, которая живет в душе каждого человека, — мечте о полете, мечте о призвании, мечте о бесконечном совершенстве...

Теперь эту удивительную историю в зримых образах воссоздает замечательный киевский художник Владислав Ерко, известный многим тысячам читателей по циклу иллюстраций к произведениям Пауло Коэльо.

КНИГИ РИЧАРДА БАХА:

Чайка по имени Джонатан Ливингстон

Иллюзии, или Приключения Мессии,
который Мессией быть не хотел

Мост через вечность

Чужой на Земле. Биплан

Бегство от безопасности

Дар крыльев

Ничто не случайно

За пределами разума

Единственная

Ричард Бах
КАРМАННЫЙ
СПРАВОЧНИК
МЕССИИ

Перевод с английского: В. Г. Трилис

Редактор И. Старых
Технический редактор Б. Степаненко
Корректоры: Е. Введенская, Т. Зенова, Е. Ладикова-Роева
Оригинал-макет
и художественное оформление И. Дерий

Издательство «София»
04073, Украина, Киев-73, ул. Фрунзе, 160.

ООО Издательский дом «София»
109028, Россия, Москва, ул. Воронцово поле, 15/38, стр. 9.

ЛР № 1027709023759 от 22.11.02.
Подписано в печать 06.07.2005.
Формат 70×100/32.
Печать офсетная. Усл. печ. л. 9,07.
Тираж 7000 экз. Заказ № 2144.

Отделы оптовой реализации издательства «София»
в Киеве: (044) 492-05-10, 492-05-15
в Москве: (095) 261-80-19, 105-34-28
в Санкт-Петербурге: (812) 327-72-37

Книга — почтой
в России: тел.: (095) 476-32-52
e-mail: kniga@sophia.ru
в Украине: тел.: (044) 513-51-92; 01030, Киев, а/я 41
e-mail: postbook@sophia.kiev.ua
http://www.sophia.kiev.ua

Отпечатано с диапозитивов в ФГУП «Печатный двор»
Министерства РФ по делам печати, телерадиовещания
и средств массовых коммуникаций.
197110, Санкт-Петербург, Чкаловский пр., 15.